누리 과정에서 쏙쏙

신체운동·건강   신체활동 즐기기 – 신체를 인식하고 움직인다.
　　　　　　　　건강하게 생활하기 – 자신의 몸과 주변을 깨끗이 한다.

초등 과정에서 쏙쏙

통합 나2　1. 나의 몸 – 내 몸이 무럭무럭, 내 몸을 살펴요, 내 몸을 깨끗이 해요
통합 학교1　2. 우리는 친구 – 내 친구
과학 5-2　1. 우리 몸

감수 및 추천 이명근 박사(미국 존스홉킨스 대학교 교수 역임, 현재 연세대학교 보건대학원 교수)
세계 곳곳의 재난지에 뛰어들어 어린이들은 물론 도움이 필요한 사람들을 구조하며 봉사의 삶을 사는 분입니다. 알아야 더 잘할 수 있다는 믿음으로 연세대학교 보건대학원에 '국제 재난 대응 전문가 과정'을 개설하여 많은 재난 구조 전문가를 양성하고 있습니다. 국제 NGO인 '머시코'(Mercy Corp.)와 UNDP(유엔경제개발계획)에서 활동하기도 했습니다. 지금은 재난 구호의 필요성을 알리고, 아시아와 아프리카의 개발을 위해 '코이카'(KOICA, 한국국제협력단)와 국제 개발 기관인 '글로벌 투게더' 등과 함께 봉사에 앞장서고 있습니다.

글 이현정
동국대학교 문예창작학과를 졸업하고 출판 편집자로 어린이 책을 만들었습니다.
두 아이를 낳은 뒤로 아이들을 위한 글쓰기와 그림책 기획에 온 마음을 쏟고 있습니다.
쓴 책으로는 〈이상한 나라의 앨리스〉, 〈닐스의 이상한 모험〉, 〈북극곰 루카를 도와주세요〉,
〈어린이를 부탁해〉, 〈하나 되는 세계를 위해〉 등이 있습니다.

그림 임정수
홍익대학교에서 시각디자인을 공부하였고, 그동안 게임 일러스트레이터로 활동하였습니다.
2008년에는 영화 〈쌍화점〉 콘티 작업에도 참여하였으며, 그린 책으로는 〈백조의 왕자〉가 있습니다.

인체 | 피부
23. 보송보송 피부의 바쁜 하루

글 이현정 | **그림** 임정수
펴낸곳 스마일 북스 | **펴낸이** 이행순 | **제작 상무** 장종남
대표 조주연 | **주소** 서울특별시 종로구 사직로8길 20, 103호
출판등록 제2013 - 000070호 **홈페이지** www.smilebooks.co.kr
전화번호 1588 - 3201 **팩스** (02)747 - 3108
기획 · 편집 조주연 김민정 김인숙 | **디자인** 김수정 정수하
사진 제공 및 대여 셔터스톡 연합뉴스 프리픽

이 책의 모든 글과 그림 등의 저작권은 스마일 북스에 있습니다.
본사의 허락 없이 이 책에 실린 내용의 일부 또는 전체를 어떤 형태로든지
변조하거나 무단 복제하는 것은 법으로 금지되어 있습니다.

⚠ 책을 집어던지면 다칠 수 있으니 조심하십시오. 잘못 만들어진 책은 바꾸어 드립니다.

보송보송
피부의 바쁜 하루

글 이현정 | 그림 임정수

안녕!
나는 피부 지킴이 스키나야.
나는 깨알만큼 작아서 돋보기로 봐야
겨우 알아볼 수 있어.

지금부터 피부가
어떤 일을 하는지
알려 줄게.

피부가 뭐냐고?

피부는 우리 몸을 싸고 있는 겉 부분을 말해.

머리부터 발끝까지 몸을 감싸고 있지.

피부는 우리 몸의 가장 바깥에 있어.

피부를 자세히 들여다보면 **털**이 있어.
피부에 있는 털도 피부의 일부란다.

> 손톱과 발톱은 손가락과 발가락을 보호해.

손톱과 **발톱**도 피부야.
손톱과 발톱은
평생 쑥쑥 자란단다.

손톱, 발톱은 왜 잘라도 아프지 않나요?
손톱, 발톱은 딱딱한 뼈 같아요. 하지만 사실은 피부의 세포들이 죽어서 변한 거예요. 그래서 잘라도 아픔을 느낄 수 없답니다.

손가락 끝을 자세히 볼까?
구불구불한 무늬들이 보일 거야.
이걸 **지문**이라고 해.

내 지문은 어디 있지?

피부는 무엇이든 잘 느껴.
발가락을 간질이면
"아이, 간지러워."
가시에 찔리면
"앗, 따가워!"

피부에는 감각을 느끼는 세포가 있어서, 여러 가지 감각을 잘 느껴.

또, 피부는 더운 날에는
땀을 흘려서
우리 몸을 시원하게 해.

놀다가 넘어지면 어떻게 될까?
다치면 피부가 까져서 피가 나지.

으앙, 아파!

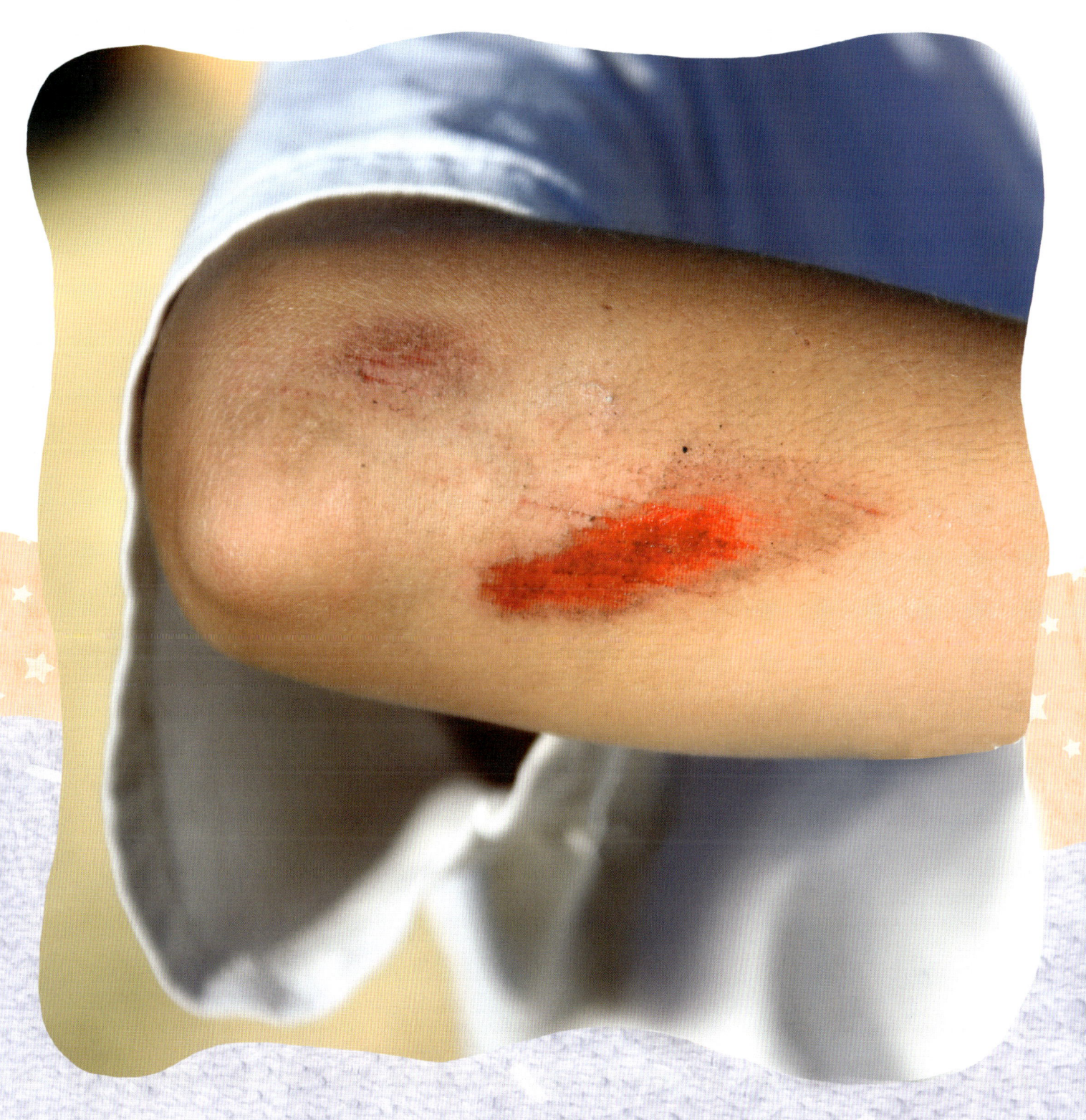

시간이 지나면, 피가 말라붙어서 **딱지**가 생겨.
딱지는 세균이 몸속으로 들어오는 걸 막아 주지.

사람은 저마다 피부색이 달라.

피부색이 까맣기도 하고, 하얗기도 해.

피부색이 다른 것은 **멜라닌**이라는 색소 때문이야.

멜라닌은 피부 깊숙한 곳에 있는 갈색 색소란다. 흑인은 멜라닌이 많고, 백인은 멜라닌이 적어.

주근깨는 피부가 하얀 사람에게 잘 생겨.
뜨거운 햇볕이 강하게 내리쬐면,
피부는 햇볕을 막기 위해 멜라닌을 많이 만들어.
그러니까 멜라닌이 많아져서 주근깨가 많이 생기는 거야.

마지막으로 피부를
깨끗이 하는 법을 가르쳐 줄게.
방법은 아주 쉬워.
비누 거품을 내서 뽀드득뽀드득
깨끗이 씻는 거야.
보송보송한 피부, 정말 보드랍지?

씻을 때는
부드러운 수건으로
살살 문질러.

피부가 우리 몸을 덮고 있어요

피부는 우리 몸을 둘러싸고 있어요. 추울 때나 더울 때 체온을 조절해 주고, 햇빛으로부터 몸을 보호해 주지요. 여러 가지 자극도 느낄 수 있어요.

🍅 몸을 보호하는 피부

피부는 세균과 먼지가 몸속에 들어오지 못하게 막아요.
뜨거운 햇빛으로부터 몸도 보호해 주지요.
그런데 햇볕을 너무 많이 쬐면 피부가 상할 수 있어요.
그러니 뜨거운 여름날 밖에 나갈 때는 햇빛을 막아 주는 크림을 발라야 해요.

부드러워.

🍅 자극을 느끼는 피부

피부에는 아주 가느다란 신경이 수천 개도 넘게 있어요.
그래서 피부에 닿는 것이 뜨거운지, 차가운지, 딱딱한지, 부드러운지 알 수 있답니다.

털이 자라는 피부

피부 곳곳에는 털이 나 있어요. 보송보송한 솜털이 난 곳도 있고, 머리털처럼 긴 털이 난 곳도 있어요. 털은 자극으로부터 피부를 보호해요.

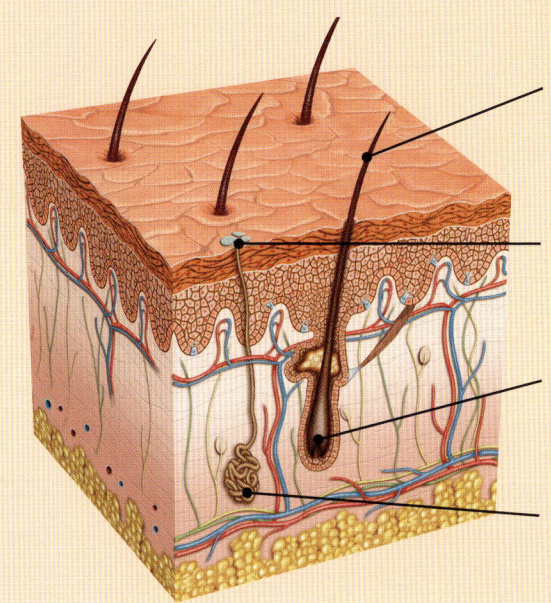

털 피부에 나는 가느다란 실 모양이에요.

땀구멍 땀이 나오는 구멍이에요.

모근 털이 피부에 박힌 부분이에요.

땀샘 땀을 만들어 몸 밖으로 내보내는 곳이에요.

체온을 조절하는 피부

체온이 너무 올라가거나 내려가면 피부가 바빠져요. 더울 때는 땀구멍을 활짝 열어 열을 내보내고, 추울 때는 땀구멍을 닫아 열이 나가지 못하게 해요.

비타민을 만드는 피부

피부는 햇빛을 받으면 비타민D(디)를 만들어요. 몸속으로 들어간 비타민D는 뼈와 치아를 건강하게 해 주는 중요한 영양분이 되지요. 햇볕을 쬐면 기분을 좋게 하는 호르몬도 많이 나오니까 자주 햇볕을 쬐어 주세요.

피부에 대한 요런조런 호기심!

손톱과 발톱은 꼭 깎아야 하나요?

우리 몸의 피부는 평생 멈추지 않고 자라. 손톱과 발톱은 피부가 단단하게 변한 거야. 그래서 손톱, 발톱도 죽을 때까지 계속 자란단다. 그러니 안 깎으면 괴물처럼 길어져 구불구불 휘고 부러지기도 하겠지? 손톱은 발톱보다 2~3배 정도 빨리 자라니까 더 자주 깎아야 한단다.

손톱이 있어서 물건을 집기에 좋아요.

우리 몸에는 왜 털이 있어요?

머리, 눈 위, 겨드랑이 등 우리 몸 여기저기에는 털이 나 있어. 털들은 우리 몸을 지켜 주기 때문에 꼭 필요하지. 속눈썹은 땀이나 먼지가 눈 속으로 들어가는 것을 막아. 콧구멍 속의 털과 귓구멍 속의 털은 먼지가 몸속으로 들어가지 못하게 하지. 다른 털들도 이렇게 몸을 보호해 주거나 밖으로부터 열을 빼앗기지 않도록 해 준단다.

속눈썹은 눈 속으로 땀이나 먼지가 들어가지 않게 해 주어요.

할머니, 할아버지는 머리카락이 왜 하얘요?

머리카락 속에는 멜라닌이라는 색소가 들어 있어. 멜라닌은 갈색을 띠지만, 많으면 검은색으로 보인단다. 멜라닌이 많고 적음에 따라 사람마다 머리카락의 색이 조금씩 달라. 그런데 나이가 들면 우리 몸에서 멜라닌이 잘 만들어지지 않기 때문에 머리카락이 점점 하얗게 변한단다.

머리카락 색은 사람마다 달라요. 하지만 나이가 들면 대부분 하얗게 변한답니다.

지문이 똑같은 사람들도 있나요?

지문은 손가락 끝마디 안쪽에 구불구불하게 난 무늬야. 이 세상에 지문이 똑같은 사람은 절대로 없어. 얼굴이나 키, 목소리까지 똑같은 쌍둥이라도 지문은 다르단다. 그래서 지문을 검사해서 범인을 잡기도 하지. 열쇠 대신 지문을 이용해서 문을 열기도 한단다.

손가락 끝마디 안쪽에 있는 지문은 사람마다 모두 달라요.

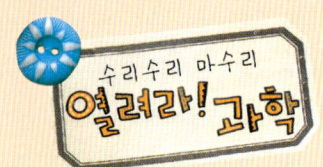

신기한 피부, 모두 모여라!

우리 피부는 날마다 새로운 피부를 만들고, 묵은 피부를 떨어뜨리느라 한시도 쉴 새가 없어요. 숨겨져 있는 피부의 비밀을 알아보아요.

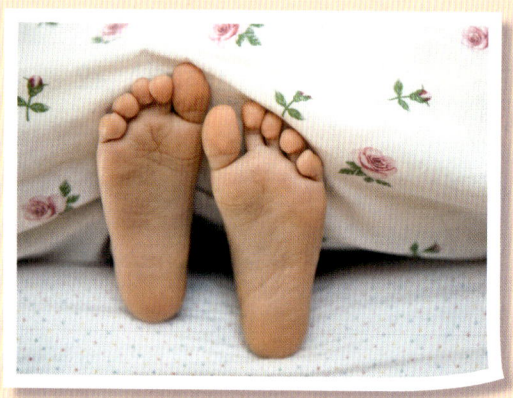

피부 중에서 가장 두꺼운 곳은 **발바닥**이에요.

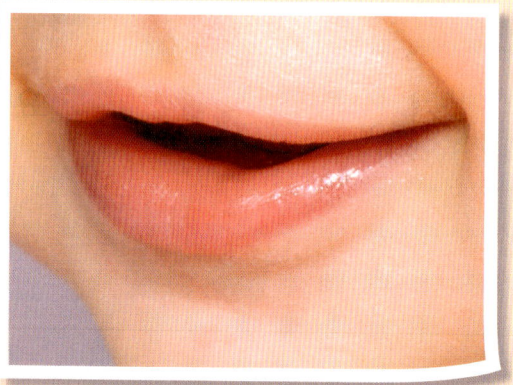

피부 중에서 가장 주름이 많은 곳은 **입술**이에요.

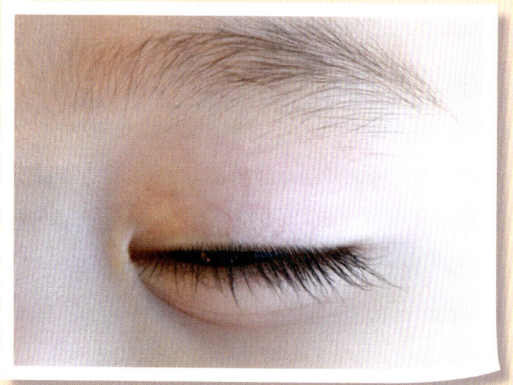

피부 중에서 가장 얇은 곳은 **눈꺼풀**이에요.

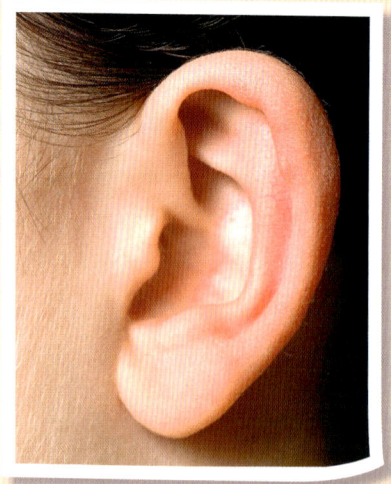

피부 중에서 가장 차가운 곳은 **귀**예요.

지문으로 그림을 그려요

손가락에 인주를 묻혀 꾹 찍으면 뱅글뱅글 지문이 나타나요.
지문 주변을 예쁘게 꾸며 멋진 작품을 만들어 봐요.

준비물 인주, 도화지, 사인펜

인주, 종이, 사인펜을 준비해요.

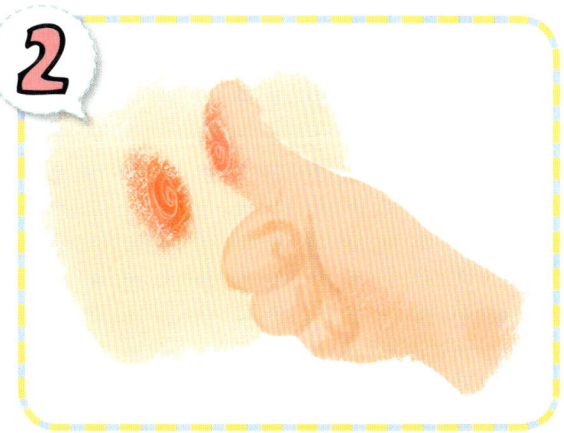

손가락 안쪽 끝에 인주를 묻혀서 도화지에 꾹 찍어요.

도화지에 찍힌 지문을 보고, 상상력을 발휘해 그림을 그려요.

지문 그림 완성!